PATRIMÔNIO TOTAL

Catalogação na Fonte
Elaborado por: Dayanne Leal Souza
Bibliotecária CRB 9/2162

Somariva, Adir João
S693p Patrimônio total / Adir João Somariva. – 1. ed. – Curitiba: Appris, 2024.
2024 97 p. ; 21 cm.

Inclui referências.
ISBN 978-65-250-7168-8

1. Patrimônio. 2. Resultado. 3. Balanço. 4. Método. 5. Tesouro. 6. Crédito. 7. Contábil. I. Somariva, Adir João. II. Título.

CDD – 657

Appris editora

Editora e Livraria Appris Ltda.
Av. Manoel Ribas, 2265 – Mercês
Curitiba/PR – CEP: 80810-002
Tel. (41) 3156 - 4731
www.editoraappris.com.br

Printed in Brazil
Impresso no Brasil

Adir João Somariva

PATRIMÔNIO TOTAL

Curitiba, PR
2024

FICHA TÉCNICA

EDITORIAL	Augusto V. de A. Coelho Sara C. de Andrade Coelho
COMITÊ EDITORIAL	Marli Caetano Andréa Barbosa Gouveia (UFPR) Edmeire C. Pereira (UFPR) Iraneide da Silva (UFC) Jacques de Lima Ferreira (UP)
SUPERVISORA EDITORIAL	Renata C. Lopes
PRODUÇÃO EDITORIAL	Daniela Nazário
REVISÃO	Marcela Vidal Machado
DIAGRAMAÇÃO	Andrezza Libel
CAPA	Eneo Lage
REVISÃO DE PROVA	Bruna Santos

No intento de
contribuição científica
contábil.

Em tese

PATRIMÔNIO/CONTÁBIL

Clareza
Na ciência.
No método:
acerto contábil.
Ao entender popular.

Respeitosamente

APRESENTAÇÃO

Em pleno século XXI, tratar da forma de mostrar o patrimônio. Formal. Em balanço.

Cabe pensar quanto ao **repetir**.

É relevante o que resulta desse estudo.

Corrigir.

E, com isso, um passeio pela doutrina desse saber.

Revisor.

Cabem avanços na ciência. Em qualquer tempo.

Algumas vezes também quanto a assunto já tido por **certo**. É o caso.

Contábil é ciência social. Ao perito, cabe atuar visando ao entender popular.

Quanto ao balanço, sempre na clareza. Para a fácil leitura. Entender.

Mantida a ciência.

É no seio popular que se aplica e torna útil o conhecer contábil.

O ensaio a esse teor levou a testar. Provar. Afirmar. Sobre método. De balanço.

Escrito também ao entender do usuário do patrimônio. Em larga escala.

Muito em especial ao público contábil. Quanto a método. De balanço.

Alcança o bastante para **firmar** conclusão. Também por isto: uma escola contábil.

Tesouro circula nas mãos de todos.

Saber **contábil/financeiro**. É salutar.

E se torna difusor quando está ao **notar** popular.

Boa leitura. Multidão.

O autor

SUMÁRIO

INTRODUÇÃO 17

PARTE UM: PATRIMÔNIO

1

PATRIMÔNIO FORMAL 21

1.1 Patrimônio formal – Objetivo 21

1.1.1 Patrimônio formal – Nicho de leitor 21

1.2 Peças contábeis 22

1.3 Usuários 22

1.4 Perito – Linguagem 23

1.5 Patrimônio em balanço – Natureza 23

2

PATRIMÔNIO – MÉTODO 25

2.1 Balanço – Histórico 25

2.2 Método – Norma 26

PARTE DOIS: PATRIMÔNIO – FORMAÇÃO

3

COMO O PATRIMÔNIO É FORMADO 29

3.1 Tesouro 29

3.2 Crédito 30

3.2.1 Crédito de terceiros 30

3.2.2 Crédito próprio 31

3.2.2.1 Crédito próprio – Nome 32

3.3 Prejuízo/déficit – Possível infortúnio 32

3.3.1 Prejuízo/déficit – Método em balanço 32

3.3.2 Nome 32

PARTE TRÊS: RESULTADOS

4
RESULTADOS – FINS/NATUREZA ... 37
4.1 Resultado – Natureza ... 37
4.1.1 Resultado de exercício – Positivo/negativo ... 37
4.1.2 Demonstração de resultado do exercício ... 38
4.1.3 Outras demonstrações ... 38

5
BALANÇO – PATRIMÔNIO ... 39
5.1 Patrimônio em balanço – Tipo/classe/valor ... 39
5.2 Demonstrações ... 39

6
RESULTADO – COMO TIPO DE PATRIMÔNIO ... 41
6.1 Superávit/déficit – Naturezas distintas ... 41
6.2 Superávit/déficit – Indedutíveis entre si ... 41
6.2.3 Superávit/déficit – Compensar ... 41
6.4 Superávit/déficit – Forma de compensar ... 42
6.5 Superávit e déficit – Na falta de compensar ... 42
6.6 Superávit/déficit – Quando compensar ... 42

PARTE QUATRO: LUCRO – SOBRA – SUPERÁVIT

7
LUCRO/SOBRA/SUPERÁVIT – ACUMULADO ... 45
7.1 O que se espera da empresa ... 45
7.2 Lucro – Reservas ... 45
7.3 Lucros distribuídos a sócios/acionistas ... 46
7.4 Lucro – Tratamento próprio ... 46
7.5 Lucro – Natureza ... 46
7.6 Lucro – Onde informar ... 46

PARTE CINCO: PREJUÍZO/DÉFICIT

8

PREJUÍZO/DÉFICIT – INCIDÊNCIA 49

8.1 Prejuízo/déficit – Acumulado 49

8.2 Prejuízo/déficit – Natureza 49

8.3 Prejuízo/déficit – A cobrir 49

8.4 Prejuízo/déficit – Onde mostrar 50

8.5 Prejuízo/déficit – Um exemplo 50

PARTE SEIS: PATRIMÔNIO LÍQUIDO – TRATAMENTO

9

PATRIMÔNIO LÍQUIDO – FINS 53

9.1 Patrimônio líquido – Saldo 53

9.2 Patrimônio líquido – Apuração 53

10

PATRIMÔNIO LÍQUIDO – NATUREZA 55

10.1 Patrimônio líquido – Demonstração 55

11

PATRIMÔNIO LÍQUIDO – POSITIVO/NEGATIVO/NEUTRO 57

11.1 Patrimônio líquido – Positivo 57

11.2 Patrimônio líquido – Negativo 57

11.3 Patrimônio líquido – Neutro 58

PARTE SETE: PATRIMÔNIO LÍQUIDO – O CERNE DA QUESTÃO

12

PATRIMÔNIO LÍQUIDO – ANEXO DE BALANÇO 61

12.1 Patrimônio líquido – Onde mostrar 61

12.2 Demonstração – Por quê? 61

12.3 Anexo de balanço – Por quê? 61

12.4 Patrimônio líquido – Distinção 62

12.5 Demonstração em anexo de balanço – Benefícios 62

13
PATRIMÔNIO LÍQUIDO – MÉTODO FORÇOSO 63
13.1 Método forçoso – Consequênciais 63
13.2 Método forçoso – Perícia 63

PARTE OITO: PATRIMÔNIO FORMAL – BALANÇO

14
BALANÇO – MÉTODO/PROVAS 67
14.1 Prova 1 – Patrimônio integral (sem lucro nem prejuízo) 67
14.1.1 Inventário geral 67
14.1.2 Balanço patrimonial 68
14.1.3 Ler – Entender 69
14.2 Prova 2 – Patrimônio integral (com lucro) 69
14.2.1 Inventário geral 69
14.2.2 Balanço patrimonial 70
14.3 Prova 3 – Ímpar forma/advertência 71
14.3.1 Ímpar forma – Proposto 72
14.3.2 Advertência 73
14.3.2.1 Consequências 73
14.3.2.2 O equívoco 74
14.4 Prova 4 – Quanto a compensar resultados 74
14.4.1 Balanço – Lucro e prejuízo (compensados) 75
14.4.2 Balanço – Lucro e prejuízo (sem compensar) 75
14.4.2.1 Lucro e prejuízo – No passivo/no ativo 76
14.4.2.2 Lucro e prejuízo – No passivo 77

PARTE NOVE: PATRIMÔNIO TOTAL

15
PATRIMÔNIO TOTAL – CONTAR/MOSTRAR 81
15.1 Ativo e passivo – Para que servem 81
15.2 Patrimônio ativo 81
15.3 Patrimônio passivo 82
15.4 Ativo e passivo – Iguais 82

15.5 Patrimônio líquido – Demonstração 83
15.6 Patrimônio total – Vantagens 83

PARTE DEZ: PATRIMÔNIO TOTAL – CONVERGÊNCIA

16
CONVERGÊNCIA – TOTAL 87
16.1 Peças contábeis – Fins 87

CONCLUSÃO 89

EPÍLOGO 91

REFERÊNCIAS – DIRETAS 93

REFERÊNCIAS – GERAIS 95

INTRODUÇÃO

Em tese.

Patrimônio. Balanço.

Deve constar:

a. ativo – débito. **Total**; e

b. passivo – crédito. **Total**.

Mostrar o valor do **patrimônio**. Total.

Esta prova se dá pela soma do total do ativo com o total do passivo.

É para garantir que os **valores** dos débitos e dos créditos constem de forma integral. Nos totais. Do balanço.

Assim, o saldo do prejuízo/déficit deve constar no ativo. Débito. Quando existe.

Patrimônio líquido: em anexo de balanço.

Dessa forma, também quando incidir em **prejuízo/déficit**, tanto o ativo quanto o passivo constam integralmente. Total. Real.

Alusivo à doutrina contábil; praz a **integridade**. Como princípio.

Sobre esse assunto, aqui afirmar. Fundar. Demonstrar. Provar. Concluir. Sustentar.

O objetivo do balanço contábil é **mostrar** o patrimônio. Ainda que por classes.

Formal. Total.

Ao entender popular.

PARTE UM

PATRIMÔNIO

1

PATRIMÔNIO FORMAL

Patrimônio é o contexto de bens, haveres, exclusividades e créditos.

Formal, por ser mostrado em balanço.

Contábil.

Com **método**. Ao entender popular.

Doutrina sobre ciência deve assentar em definição. Portanto, na essência. Sobre aquilo que é tratado.

É pela definição de uma coisa que se alinha em sintonia com esta.

1.1 Patrimônio formal – Objetivo

O objetivo do patrimônio formal é para ser mostrado por:

a. tipo/classe;

b. valor; e

c. natureza. Se débito ou crédito.

Em linguagem contábil.

1.1.1 Patrimônio formal – Nicho de leitor

Quanto à leitura do patrimônio **formal**, incide em pelo menos dois nichos de leitor:

a. popular; e

b. contábil.

O primeiro busca identificar o patrimônio. Pelo tipo/classe. E valor.

O segundo procura identificar o patrimônio; classificar; fazer análise; interpretar; perícia...

1.2 Peças contábeis

Cada peça contábil atende a fins próprios.

Numa peça contábil, a mistura de fins pode levar a descaminhos.

Exige cuidado técnico.

São diversas.

Algumas são obrigatórias.

Exemplos:

a. inventário geral;

b. balanço;

c. demonstração de resultado do exercício;

d. demonstração do patrimônio líquido;

e. fluxo de caixa.

1.3 Usuários

Ao montar peças contábeis, levar em conta que ao usuário **falte** saber contábil. Perícia.

É, no entanto, quem busca saber sobre o patrimônio.

Exemplos:

a. titular de firma;

b. sócios;

c. gestores;

d. colaboradores;

e. fornecedores;

f. clientes;
g. bancos;
h. órgãos públicos;
i. etc.

1.4 Perito – Linguagem

Cabe, por primeiro, ao perito/expert dessa ciência o bem comunicar contábil.

Mostrar/contar/dizer. Ao entender popular.

Quando fácil de entender, se propaga.

Atua na formação de cultura. Ao interesse. Em **saber**. Sobre o patrimônio.

1.5 Patrimônio em balanço – Natureza

O patrimônio, e **valor,** deve ser mostrado no balanço. Integral.

Ainda que agrupado. Por **classes**.

Separado por **natureza**. Se **débito**, no ativo. Se **crédito**, no passivo.

E os respectivos totais.

2

PATRIMÔNIO - MÉTODO

Método faz parte da ciência.

Patrimônio é o **objeto** de estudo contábil. Carece de estar disposto em método certo.

Ou seja, em sintonia com a ciência.

Foi pela ação popular, de pensar sobre o patrimônio, formal, que se tornou possível essa área como ciência. Legal.

E basta lembrar que já foi vista como ciência exata.

É social.

Foi corrigido.

Forma de constar o patrimônio em balanço. Esta é uma das grandes questões sobre método. Contábil.

Aqui, visa-se tornar lúcida essa questão.

2.1 Balanço - Histórico

Balanço tem sido mostrado de forma diversa.

Objeto de amplo debate.

Isso ao menos quando o patrimônio incide em **prejuízo/déficit**.

Por vezes, consta no ativo. Outras, no passivo. Depois, só no passivo.

Ao perito **contador** cabe o entender, analisar, contar, afirmar, sustentar, orientar...

Ainda, cabe o envolver de outras áreas do saber.

Porém, o patrimônio é do interesse dos usuários.

A leitura deve ser lógica. Fácil. Que não dependa de perícia para saber tipo/classe, valor e total. Do patrimônio.

2.2 Método – Norma

Neste início de terceira década do século XXI, aplica-se, por **norma**, como método, de constar **prejuízo/déficit** no **passivo**. Quando existe.

Portanto, como conta **redutora** dos créditos.

Nesse caso, incorre em flagrante distorção do patrimônio total.

Eis uma das razões de tratar desse assunto.

PARTE DOIS

PATRIMÔNIO – FORMAÇÃO

3

COMO O PATRIMÔNIO É FORMADO

O patrimônio formal precisa causar a **impressão** de ser visto.

Pelos termos que são usados. E da forma como é mostrado.

Os **sentidos** do leitor precisam ser acionados.

Na ciência contábil, social, os termos precisam visar ao mais amplo entender popular. Mantido o censo técnico. Numa formação de cultura.

Nessa visão, tem-se o patrimônio formado por:

a. **créditos**, a **fonte** do tesouro, que também é a **dívida**; e

b. **débitos**, que é onde **está** o tesouro. Para os fins da azienda. E a saldar os créditos.

Assim:

a. o crédito – passivo – é de onde veio o **tesouro** e para onde este deve ir; e

b. o débito – ativo – é onde está o **tesouro**.

Ainda pode incidir em **prejuízo/déficit**.

No caso, a cobrir.

Também isso é aqui tratado. Dos efeitos que gera. Daqueles que precisa causar. E daqueles que precisam ser evitados.

3.1 Tesouro

Onde está o **tesouro** precisa ser mostrado.

Para isso, basta ser dito onde está o **tesouro**. Constando este nome: **tesouro**.

Simples assim.

Também o tipo ou classe. Do tesouro. E respectivo valor.

Sabido isso, tudo o mais será entendido.

Também o que é um **débito**. Ativo. Para fazer frente aos créditos. Passivo. Fonte dos recursos.

Dessa forma, ao entender isso, não carece de explicar.

No máximo, uma simples e objetiva orientação. Inicial.

Esse é o efeito positivo que mais interessa causar.

Portanto, assim a ser dito. Mostrado. Como **tesouro**.

3.2 Crédito

Crédito vem de confiar. Confiança.

Quando contábil – crédito –, é fonte de recursos. Monetário. Que também é dívida.

Para a clareza disso, precisa mostrar os créditos em duas classes.

São elas:

a. crédito de terceiros; e

b. créditos próprios.

Somente isso.

Precisa deixar expressas essas duas classes. E respectivo valor. Que abrange.

Assim, ficam os **créditos** mostrados da forma mais nítida. Pura. Limpa. Ao entender.

3.2.1 Crédito de terceiros

Notório que o crédito de terceiros é feito por pessoas **alheias** da azienda.

Valor entregue a esta. Ao funcionar.

Pode ser de múltiplas fontes. E classes.

Exemplos:

a. remuneração;
b. fornecimento;
c. financiamento;
d. tributos (público);
e. encargos sociais (público).

O destaque desta **classe** de crédito, como **crédito de terceiros**, e valor, permite o pleno entender dessa fonte.

Também torna mais fácil entender o contexto do patrimônio.

3.2.2 Crédito próprio

Ao ler **balanço**, precisa poder conhecer o **crédito próprio**. Real. Quando existe.

Isso para **notar** o aporte feito pela própria azienda.

Distingue dos créditos de terceiros. Primeiros a pagar.

Isso vai ao encontro dos **fins** do balanço. Mostrar o tipo/classe. De patrimônio. E valor.

Crédito próprio, no balanço, é pra ser **lido** sem precisar descobrir, calcular... Para saber.

E vai além de capital/fundo social.

Exemplos:

a. capital (empresa), valor entregue pelos sócios;
b. fundo social (que não visa ao lucro), valor entregue por sócio/fundador;
c. reserva de lucros;
d. lucros acumulados;
e. superávit acumulado.

3.2.2.1 Crédito próprio – Nome

Em balanço, essa classe de patrimônio tem que ser mostrada de forma singular. Própria.

Como classe. E valor.

Objeto de balanço.

Assim mesmo. Como nomenclatura. Nome: **crédito próprio**.

Isso é o suficiente. Também o contexto.

3.3 Prejuízo/déficit – Possível infortúnio

Uma azienda pode incidir em perda de capacidade de **honrar** créditos.

Prejuízo/déficit. Valor que indica **perda**.

Trata-se de um "vácuo" de tesouro.

Tesouro que deixou de existir. Sem ter quitado créditos em igual valor. Que continuam. A pagar.

3.3.1 Prejuízo/déficit – Método em balanço

Notado o sentido de **prejuízo/déficit**, cabe tratar do **método** de mostrar em balanço.

Já temos o bastante por – **certo**. A saber.

Prejuízo/déficit é conta de natureza **devedora**.

Natureza **devedora** é **débito**. Ativo.

Conta do ativo não reduz conta do passivo. Portanto, deve constar no **ativo**.

Ademais, trata-se de um **tipo** de patrimônio.

Também de uma **classe**. Própria. Exclusiva. E casual.

3.3.2 Nome

Quanto ao nome dessa classe de patrimônio.

Quando empresa, é **prejuízo acumulado**. Porque visa ao lucro.

Quando não visa ao lucro, é **déficit acumulado**.

Constando **prejuízo/déficit acumulado**, serve para os dois casos.

PARTE TRÊS

RESULTADOS

4

RESULTADOS - FINS/NATUREZA

Cada tipo de resultado é para algum fim. Resposta.

Na ciência, em termos de **resultado**, é preciso saber qual a natureza. E os fins. A que foi criado.

É o que resulta. De alguma busca. Cálculo. Fim. A exemplo de um **período**.

É a partir disso que se encontra a forma certa de **mostrar** o resultado.

Pode ser em balanço. Por ser tipo de patrimônio.

Pode ser em anexo de balanço. Por ser demonstração.

Ou em peça avulsa.

Cabe preservar os fins.

4.1 Resultado - Natureza

Resultado, por si só, nem sempre tem natureza devedora ou credora.

Ainda, pode não ser devedora. Nem credora.

Depende o que resulta. E seus fins.

4.1.1 Resultado de exercício - Positivo/negativo

Resultado de exercício pode incidir em positivo. Lucro/sobra/superávit.

Também pode incidir em negativo. Prejuízo/déficit.

Pode ainda ser neutro. Igual a zero.

4.1.2 Demonstração de resultado do exercício

Para saber o que resulta de um período, carece de fazer apuração.

Mostra como o resultado foi gerado.

Portanto, isso não é um **tipo** de patrimônio. É uma **demonstração**.

Só o **resultado** que é um **tipo** de patrimônio. Quando diferente de zero. Objeto de balanço.

4.1.3 Outras demonstrações

Existem outras demonstrações.

Uma é do patrimônio líquido.

Também do capital circulante líquido. Da liquidez seca. Do fluxo de caixa. Dentre outras.

Cada uma tem forma própria de ser mostrada.

E não são tipo, ou classes, de patrimônio.

São demonstrações.

5

BALANÇO - PATRIMÔNIO

Balanço é o patrimônio formal. Já apurados os resultados. Num estático momento.

Serve para mostrar o **patrimônio**. Formal. Total.

5.1 Patrimônio em balanço - Tipo/classe/valor

O patrimônio, em balanço, é para ser mostrado por tipo. Ou classe. Como **elemento** patrimonial. E valor.

Somente isso!

5.2 Demonstrações

Demonstrações adicionais ao balanço devem ser objeto de peça **anexa**. Ao balanço.

Ou **avulsa**.

Conforme convier.

São técnicas.

Pode estar sujeito a **normas**. Que regulam. E isso é salutar.

Para levar aos mesmos resultados. Em qualquer lugar, tempo e moeda.

6

RESULTADO - COMO TIPO DE PATRIMÔNIO

Resultado de um período é **tipo**, e mesmo **classe**, de patrimônio.

É objeto a constar no **balanço**.

Quando difere de zero incide em lucro/sobra/superávit. Crédito. Passivo.

Ou em prejuízo/déficit. Débito. Ativo.

6.1 Superávit/déficit - Naturezas distintas

Superávit e déficit são contas de naturezas distintas.

Lucro/sobra/superávit é conta **credora**. Crédito. Passivo. Fonte de recursos.

Prejuízo/déficit é conta **devedora**. Débito. Ativo. Negativo, neste caso.

6.2 Superávit/déficit - Indedutíveis entre si

Lucros/sobras/superávit e a conta **prejuízo/déficit**. Não há como uma ser dedutível da outra. Por serem de naturezas distintas.

Uma é **credora**. Do passivo. A outra, **devedora**. Do ativo. Respectivamente.

6.2.3 Superávit/déficit - Compensar

Entre as contas lucros/superávit, ou reservas de lucros, com a conta prejuízo/déficit, somente cabe **compensar**.

Os saldos.

6.4 Superávit/déficit – Forma de compensar

A conta que tiver saldo menor vai ficar com saldo zero.

Ao compensar os saldos entre as contas **superávit** e **déficit**, fica saldo naquela que tiver maior valor.

Assim, somente **lucros/superávit/reservas**, ou **prejuízo/déficit**, vai constar no balanço.

6.5 Superávit e déficit – Na falta de compensar

Na falta de compensar **lucro/superávit** com **prejuízo/déficit**, para balanço, incorre em aumento **indevido** do valor do ativo. Também do passivo.

E deve ser mantida a natureza de cada conta.

Aquela devedora, no ativo. Aquela credora, no passivo.

6.6 Superávit/déficit – Quando compensar

Compensar **lucro/superávit** com **prejuízo/déficit**. Para fechar balanço.

Também para ver se existe lucro a distribuir aos sócios. No caso de empresa. Que visa ao lucro.

Pode precisar para outras situações. Para saber se pode reduzir capital. Por exemplo.

PARTE QUATRO

LUCRO – SOBRA – SUPERÁVIT

7

LUCRO/SOBRA/SUPERÁVIT - ACUMULADO

Lucro/sobra/superávit são nomes. De resultado de exercício.

Também **tipo**. De patrimônio.

Lucro. Quando se trata de empresa. Porque visa ao lucro.

Sobra/superávit. Quando não visa ao lucro.

Indica **fonte**. De valor. Crédito.

Compõe o **crédito próprio**. Ou seja, gerado pela própria azienda.

Portanto, são créditos de domínio da azienda. Empresa. Ou instituição.

7.1 O que se espera da empresa

Lucros. Isso é o que se espera de uma empresa.

Possíveis superávits/sobras. Quando não visa ao lucro.

7.2 Lucro - Reservas

Lucro pode ser destinado para reservas. Qualquer tipo de reserva. De lucros.

Pode incidir reserva por força de lei.

Reservas, continua como lucro. Crédito próprio.

Dessa forma, se existe lucro, consta no balanço.

Seja como reserva de lucro. Ou lucro acumulado.

É crédito. Fonte de recursos.

Consta no passivo.

7.3 Lucros distribuídos a sócios/acionistas

Sendo distribuído a sócio/acionista, esse valor sai da conta lucro acumulado.

Pago. Ou a pagar.

7.4 Lucro – Tratamento próprio

Cabe tratar o lucro de forma própria.

Portanto, à parte de prejuízo/déficit. Quando existe.

Isso porque:

a. lucro/sobra/superávit é **crédito**. Passivo; e

b. prejuízo/déficit é **débito**. Ativo.

Portanto, compõe **tipos** de patrimônio. Distintos. Por **natureza**.

7.5 Lucro – Natureza

Qualquer valor de lucro/sobra/superávit é de natureza **credora**. Crédito.

É um **tipo** de patrimônio.

Deve constar no rol do patrimônio. Portanto, no balanço.

Sempre que existir.

7.6 Lucro – Onde informar

Lucro, na ciência, a constar no **passivo**. Crédito.

Em ordem de liquidez. Prioridades a pagar.

Portanto, como **crédito próprio**.

Após o crédito de terceiros.

PARTE CINCO

PREJUÍZO/DÉFICIT

8

PREJUÍZO/DÉFICIT – INCIDÊNCIA

Uma azienda pode incidir em possível infortúnio. Prejuízo. Déficit.

Porém, não é o que se espera.

Trata-se de infortúnio.

Está para ser visto como um tesouro **negativo**. Prejudicial.

8.1 Prejuízo/déficit – Acumulado

Prejuízo/déficit. É um **tipo** de patrimônio. Resultado de apuração.

Pode ser de um certo período. Ou diversos.

Sequenciais. Ou não.

Existindo, é **prejuízo**. Ou **déficit**. **Acumulado**.

8.2 Prejuízo/déficit – Natureza

Prejuízo/déficit é de natureza **devedora**. Débito.

Ativo.

8.3 Prejuízo/déficit – A cobrir

Prejuízo/déficit é patrimônio **ativo**. E indica um "**vácuo**" patrimonial. A cobrir.

Isso por deixar igual valor de passivo – crédito – a descoberto.

É um ativo "vazio". Que não oferece lastro para honrar (pagar) os créditos.

E assim deve ser tratado. Como patrimônio.

Como um "**vácuo**". De tesouro.

Perda. De valor.

8.4 Prejuízo/déficit – Onde mostrar

Prejuízo/déficit precisa constar de forma expressa. No balanço. Como **tipo/classe** de patrimônio.

Constar na parte final, do ativo. Separado do tesouro.

Exclusivo.

É casual.

Também por ser o mais difícil de transformar em liquidez. Dinheiro.

Ademais, trata-se de um valor a ser gerado. Pela azienda. Porque indica a falta de tesouro. Frente aos créditos, a pagar.

8.5 Prejuízo/déficit – Um exemplo

Um exemplo de balanço. Quando incide em prejuízo/déficit.

Para sintonia. Entre azienda e usuário.

Trata-se de um método. Em **fundar** teoria.

PATRIMÔNIO			
ATIVO – D		**PASSIVO – C**	
TESOURO	**$ 3,00**	**CRÉDITO DE TERCEIROS**	**$ 2,00**
Bens	$ 1,00	Fornecimento	$ 1,00
Haveres	$ 1,00	Financiamento	$ 1,00
Exclusividades	$ 1,00	**CRÉDITO PRÓPRIO**	**$ 3,00**
PREJUÍZOS ACUMULADOS	**$ 2,00**	Capital social (integralizado)	$ 3,00
TOTAL DO ATIVO	**$ 5,00**	**PASSIVO TOTAL**	**$ 5,00**

PARTE SEIS

PATRIMÔNIO LÍQUIDO – TRATAMENTO

9

PATRIMÔNIO LÍQUIDO - FINS

Patrimônio líquido é o **saldo** de patrimônio. Num momento estático.

O fim do patrimônio líquido é mostrar o **saldo** de tesouro. Frente aos créditos de terceiros.

9.1 Patrimônio líquido - Saldo

O saldo de patrimônio líquido pode ser positivo. Negativo. Ou neutro (zero).

9.2 Patrimônio líquido - Apuração

Patrimônio líquido resulta de apuração.

Assim:

PATRIMÔNIO LÍQUIDO = CRÉDITO PRÓPRIO (-) PREJUÍZO/ DÉFICIT (quando existe).

É para ser apurado **após** o balanço.

Os dados são extraídos do balanço.

A demonstração detalha como o patrimônio líquido resulta.

10

PATRIMÔNIO LÍQUIDO - NATUREZA

Patrimônio líquido é de natureza **demonstrativa**.

10.1 Patrimônio líquido - Demonstração

Trata-se de uma demonstração.

Do patrimônio líquido.

Portanto, não é **tipo** de patrimônio. Nem **classe**.

Também não é de natureza credora. Nem devedora.

É saldo. De patrimônio.

11

PATRIMÔNIO LÍQUIDO - POSITIVO/NEGATIVO/NEUTRO

Quando difere de zero, o patrimônio líquido é:

a. positivo; ou

b. negativo.

Mostra a liquidez. Do patrimônio total.

11.1 Patrimônio líquido – Positivo

O patrimônio líquido é positivo quando o tesouro (ativo) cobre os créditos de terceiros. Integral. E sobra tesouro.

Exemplo:

PATRIMÔNIO LÍQUIDO POSITIVO	$ 3,00
Capital social (dos sócios)	(+) $ 1,00
Reserva de lucro	(+) $ 1,00
Lucros acumulados	(+) $ 1,00

11.2 Patrimônio líquido – Negativo

Quando o patrimônio líquido for negativo, é porque o tesouro que existe não cobre os créditos de terceiros.

Portanto, indica o valor que **falta** para cobrir os créditos de terceiros.

A pagar.

Exemplo:

PATRIMÔNIO LÍQUIDO NEGATIVO	(-) $ 1,00
Capital social (dos sócios)	(+) $ 1,00
Prejuízos acumulados	(-) $ 2,00

11.3 Patrimônio líquido – Neutro

Quando o patrimônio líquido for neutro (zero), é porque todo o tesouro que existe na azienda está comprometido com os créditos de terceiros. A pagar.

É coincidência rara.

Exemplo:

PATRIMÔNIO LÍQUIDO NEUTRO	$ 0,00
Capital social (dos sócios)	(+) $ 1,00
Prejuízos acumulados	(-) $ 1,00

PARTE SETE

PATRIMÔNIO LÍQUIDO – O CERNE DA QUESTÃO

12

PATRIMÔNIO LÍQUIDO - ANEXO DE BALANÇO

Forma de mostrar o patrimônio líquido.

Eis o cerne da questão.

12.1 Patrimônio líquido - Onde mostrar

O meio de externar cada peça contábil deve condizer com os fins do objeto.

A forma de mostrar o patrimônio líquido tem que ser própria. Independente.

Trata-se de uma **peça** contábil. Exclusiva.

Deve ser apresentado como **demonstração**.

Em: **anexo** de balanço.

12.2 Demonstração - Por quê?

Patrimônio líquido é uma demonstração porque não é um tipo, ou classe, de patrimônio.

Apura o saldo do patrimônio total. E mostra a forma como este resulta.

Surge **após** o balanço.

É objeto adicional de balanço.

Demonstração.

12.3 Anexo de balanço - Por quê?

No balanço deve constar só o patrimônio.

Tipo ou **classe**. Como **elemento**. E valor.

Mostra:

a. o tesouro;

b. o crédito de terceiros;

c. o crédito próprio, inclusive lucros/sobras/superávit, quando existe; e

d. prejuízo, quando incidir.

12.4 Patrimônio líquido – Distinção

Patrimônio líquido precisa ser distinto do patrimônio. Balanço.

É um dos reflexos do balanço. Uma evidência deste.

A definição de patrimônio entra no mérito de **débitos**. E **créditos**. Não de patrimônio líquido.

Patrimônio líquido destoa de ativo. E de passivo.

Também de débitos. E créditos. Resulta destes.

É um saldo de patrimônio. Demonstrativo.

Portanto, uma **demonstração**.

12.5 Demonstração em anexo de balanço – Benefícios

Mostrar o patrimônio líquido em anexo de balanço.

Gera correção. No balanço.

Faz mostrar só o tipo/classe e valor. Do patrimônio.

Também o total dos débitos (ativo). O total dos créditos (passivo). O total dos créditos próprios. O patrimônio total.

Sempre.

Ainda, dá lucidez na leitura. No entender. Técnico. E popular.

13

PATRIMÔNIO LÍQUIDO - MÉTODO FORÇOSO

É forçoso demonstrar o patrimônio líquido no balanço.

Este não é **elemento** patrimonial. É saldo.

E leva a constar prejuízo/déficit no passivo. Crédito. Quando existe. Porém é débito. Por natureza. Portanto, ativo.

Esse método somente incide em acerto quando não tem prejuízo/déficit. Porém, mistura objetivos. No balanço.

Então é falho.

E leis e normas não podem ferir a ciência.

13.1 Método forçoso – Consequênciais

Constar prejuízo/déficit no passivo, crédito. Distorções possíveis:

a. ativo parcial (tipo e valor);

b. total do ativo menor que o real;

c. total do passivo menor que o real; e

d. patrimônio total menor que o real. Porque é a soma do total do ativo com o total do passivo.

Ainda confunde e até distorce a leitura quanto aos créditos próprios.

13.2 Método forçoso – Perícia

Demonstrar patrimônio líquido no balanço passa a carecer de perícia para entender o patrimônio.

Em especial, quando existe prejuízo/déficit.

Incide a fazer cálculos. Para saber o total do crédito próprio.

Também para saber o total do ativo. O total do passivo. Do patrimônio total. Reais.

PARTE OITO

PATRIMÔNIO FORMAL – BALANÇO

14

BALANÇO – MÉTODO/PROVAS

Na ciência, a escolha de **método** precisa levar a respostas. Sobre o que se busca saber.

Trazer à luz a verdade. Sobre certo objeto. Assunto.

Ocorrem efeitos. Do **método** de mostrar o ativo – débito. E o passivo – crédito.

Patrimônio. Formal. Em balanço.

Em especial, balanço sucede de inventário geral. Ou seja, do rol de todos os itens do patrimônio. E respectivo valor.

Também da apuração de resultado. Do período.

Sempre.

Aqui é tratado sobre **método** de balanço. Mediante provas. Técnicas.

14.1 Prova 1 – Patrimônio integral (sem lucro nem prejuízo)

Neste exemplo, o **método** usado mostra o patrimônio **integral**. Correto.

14.1.1 Inventário geral

INVENTÁRIO GERAL	
DESCRIÇÃO	**VALOR**
Caixa	$ 1,00
Estoque	$ 1,00
Haveres	$ 1,00

INVENTÁRIO GERAL	
DESCRIÇÃO	**VALOR**
Imobilizado	$ 1,00
Exclusividade (marca)	$ 1,00
Fornecimento	$ 1,00
Encargo social	$ 1,00
Tributo	$ 1,00
Financiamento	$ 1,00
Capital social (dos sócios)	$ 1,00

Ainda:

a. não ter lucro;

b. nem perda.

14.1.2 Balanço patrimonial

BALANÇO PATRIMONIAL			
ATIVO – D		**PASSIVO – C**	
TESOURO	**$ 5,00**	**CRÉDITO DE TERCEIROS**	**$ 4,00**
BENS	**$ 3,00**	Fornecimento	$ 1,00
Caixa	$ 1,00	Encargo social	$ 1,00
Estoque	$ 1,00	Tributo	$ 1,00
Imobilizado	$ 1,00	Financiamento	$ 1,00
HAVERES	**$ 1,00**		
Haver	$ 1,00	**CRÉDITO PRÓPRIO**	**$ 1,00**
EXCLUSIVIDADES	**$ 1,00**	Capital social (dos sócios)	$ 1,00
Marca	$ 1,00		
TOTAL DO ATIVO	**$ 5,00**	**TOTAL DO PASSIVO**	**$ 5,00**

O ativo e o passivo expõem o total correto. Real. De cada um.

Ou seja:

a. ativo (débito) $ 5,00; e

b. passivo (crédito) $ 5,00.

Garante a expressão integral do patrimônio. Total.

Mostra também o total do **crédito próprio**. Da empresa. Pelos sócios.

Também clareza sobre onde está o **tesouro**.

Nota-se que não há lucro nem prejuízo.

E a demonstração do patrimônio líquido **não consta** no balanço.

Está perfeito.

14.1.3 Ler – Entender

Permite a fácil leitura. Entender.

Também ao popular. Em larga escala.

14.2 Prova 2 – Patrimônio integral (com lucro)

Neste exemplo, o **método** usado também mostra o patrimônio integral.

14.2.1 Inventário geral

INVENTÁRIO GERAL	
DESCRIÇÃO	VALOR

Caixa	$ 1,00
Estoque	$ 1,00
Haveres	$ 1,00
Imobilizado	$ 1,00
Exclusividade (marca)	$ 1,00
Fornecimento	$ 1,00
Tributo	$ 1,00
Financiamento	$ 1,00
Capital social (dos sócios)	$ 1,00

Ainda: tido lucro de $ 1,00.

14.2.2 Balanço patrimonial

BALANÇO PATRIMONIAL			
ATIVO – D		PASSIVO – C	
TESOURO	**$ 5,00**	**CRÉDITO DE TERCEIROS**	**$ 3,00**
BENS	**$ 3,00**	Fornecimento	$ 1,00
Caixa	$ 1,00	Tributo	$ 1,00
Estoque	$ 1,00	Financiamento	$ 1,00
Imobilizado	$ 1,00		
HAVERES	**$ 1,00**	**CRÉDITO PRÓPRIO**	**$ 2,00**
Haver	$ 1,00	Capital social (dos sócios)	$ 1,00
EXCLUSIVIDADES	**$ 1,00**	Lucro	$ 1,00
Marca	$ 1,00		
TOTAL DO ATIVO	**$ 5,00**	**TOTAL DO PASSIVO**	**$ 5,00**

Tanto o ativo quanto o passivo mostram o total correto. Real. Integral. De cada um.

Ou seja:

a. ativo (débito) $ 5,00; e
b. passivo (crédito) $ 5,00.

Todo o patrimônio consta no balanço. E somente isso.
Está correto.
Permite o fácil notar, ler e entender. O patrimônio.
Aqui também não demonstra o patrimônio líquido no balanço.

14.3 Prova 3 – Ímpar forma/advertência

Neste exemplo, a empresa:

a. ter sofrido sinistro total, causa: enchente;
b. despesas; e
c. não ter seguro.

Perda total. Também da marca. Estava em formação.
No inventário, somente créditos. A pagar.
Assim:

INVENTÁRIO	
DESCRIÇÃO	**VALOR**
Fornecimento	$ 1,00
Tributo	$ 1,00
Financiamento	$ 1,00
Capital social (dos sócios)	$ 1,00

Perda. Prejuízo: $ 4,00.
Seguem dois exemplos de **método** de balanço.
O primeiro é a **ímpar forma**. Proposto.
O segundo: a advertência.

14.3.1 Ímpar forma – Proposto

BALANÇO PATRIMONIAL			
ATIVO – D		PASSIVO – C	
PREJUÍZO	**$ 4,00**	**CRÉDITO DE TERCEIROS**	**$ 3,00**
		Fornecimento	$ 1,00
		Tributo	$ 1,00
		Financiamento	$ 1,00
		CRÉDITO PRÓPRIO	**$ 1,00**
		Capital social (dos sócios	$ 1,00
TOTAL DO ATIVO	**$ 4,00**	**TOTAL DO PASSIVO**	**$ 4,00**

Vê-se que:

1. No ativo, mostra:
    a. tipo e valor, de débito; e
    b. total do ativo. Real.
2. No passivo, mostra:
    a. tipo e valor de crédito;
    b. total de crédito de terceiros;
    c. total de **crédito próprio;** e
    d. total do passivo. Real.

Todo o patrimônio está mostrado. Pelo total do ativo. E pelo total do passivo.

Permite o fácil notar, ler e entender. O patrimônio.

Mais uma vez, não consta o patrimônio líquido no balanço.

14.3.2 Advertência

BALANÇO PATRIMONIAL			
ATIVO – D		**PASSIVO – C**	
		CRÉDITO DE TERCEIROS	**$ 3,00**
		Fornecimento	$ 1,00
		Tributo	$ 1,00
		Financiamento	$ 1,00
		PATRIMÔNIO LÍQUIDO	**(-) $ 3,00**
		Capital social (dos sócios)	(+) $ 1,00
		Prejuízo acumulado	(-) $ 4,00
TOTAL DO ATIVO	**$ 0,00**	**TOTAL DO PASSIVO**	**$ 0,00**

Aqui, o equívoco quanto ao **método** de balanço é flagrante. Assim como as consequências.

14.3.2.1 Consequências

O total do ativo (débito) indica ser igual a zero.

O total do passivo (crédito) indica ser igual a zero.

Porém, existe crédito. De terceiros. A pagar. $ 3,00.

Ainda, existe crédito próprio. Capital dos sócios. A pagar. $ 1,00.

O total do ativo e do passivo, real, estão ocultos.

Por consequência, o patrimônio total está oculto. Isso porque, sendo o total do ativo e do passivo igual a zero, o patrimônio estaria liquidado. Zero.

Nesse caso, pelos totais, do ativo e do passivo, igual a zero, a empresa poderia ser extinta. Sem créditos a pagar.

Porém, ainda **existe** crédito. A pagar. No valor de $ 4,00.

14.3.2.2 O equívoco

O equívoco está em: demonstrar o PATRIMÔNIO LÍQUIDO no balanço.

Deve ser em anexo. Do balanço.

14.4 Prova 4 - Quanto a compensar resultados

Exemplo:

INVENTÁRIO GERAL	
DESCRIÇÃO	**VALOR**
Caixa	$ 1,00
Estoque	$ 1,00
Haver	$ 1,00
Imobilizado	$ 1,00
Fornecimento	$ 1,00
Encargo social	$ 1,00
Financiamento	$ 1,00
Capital social (dos sócios)	$ 1,00

No balanço **anterior**. Tido lucro de $ 1,00.

No balanço **atual**. Apurado prejuízo de $ 1,00.

14.4.1 Balanço - Lucro e prejuízo (compensados)

BALANÇO PATRIMONIAL			
ATIVO – D		**PASSIVO – C**	
TESOURO	**$ 4,00**	**CRÉDITO DE TERCEIROS**	**$ 3,00**
BENS	**$ 3,00**	Fornecimento	$ 1,00
Caixa	$ 1,00	Encargo social	$ 1,00
Estoque	$ 1,00	Financiamento	$ 1,00
Imobilizado	$ 1,00		
HAVERES	**$ 1,00**	**CRÉDITO PRÓPRIO**	**$ 1,00**
Haver	$ 1,00	Capital social (dos sócios)	$ 1,00
TOTAL DO ATIVO	**$ 4,00**	**TOTAL DO PASSIVO**	**$ 4,00**

Tinha $1,00 de lucro. E $ 1,00 de prejuízo. Foi compensado antes do balanço. Ficou zero.

Portanto, não consta lucro nem prejuízo. No balanço.

Assim, o total do ativo e do passivo é real.

É tudo o que existe. E só o que existe. De patrimônio.

O método está perfeito.

E aqui também o patrimônio líquido não consta no balanço.

14.4.2 Balanço - Lucro e prejuízo (sem compensar)

Seguem duas formas de mostrar lucro e prejuízo. Sem compensar.

Todas incidem em falha. De método.

14.4.2.1 Lucro e prejuízo - No passivo/no ativo

BALANÇO PATRIMONIAL			
ATIVO - D		**PASSIVO - C**	
TESOURO	**$ 4,00**	**CRÉDITO DE TERCEIROS**	**$ 3,00**
BENS	**$ 3,00**	Fornecimento	$ 1,00
Caixa	$ 1,00	Encargo social	$ 1,00
Estoque	$ 1,00	Financiamento	$ 1,00
Imobilizado	$ 1,00		
HAVERES	**$ 1,00**	**CRÉDITO PRÓPRIO**	**$ 2,00**
Haver	$ 1,00	Capital social (dos sócios)	$ 1,00
		Lucro	$ 1,00
PREJUÍZO	**$1,00**		
TOTAL DO ATIVO	**$ 5,00**	**TOTAL DO PASSIVO**	**$ 5,00**

Advertência. Patrimônio **fictício**.

Nesse método, de constar prejuízo e também lucro, sem compensar, incorreu de constar $ 5,00 no total do ativo. É $ 4,00.

No passivo, consta $ 5,00. É $ 4,00.

O patrimônio teve aumento. Indevido. De $ 1,00 no ativo. Também no passivo.

Isso porque lucro e prejuízo não foram compensados. Seria zero.

Precisa compensar!

14.4.2.2 Lucro e prejuízo - No passivo

BALANÇO PATRIMONIAL			
ATIVO – D		**PASSIVO – C**	
TESOURO	**$ 4,00**	**CRÉDITO DE TERCEIROS**	**$ 3,00**
BENS	**$ 3,00**	Fornecimento	$ 1,00
Caixa	$ 1,00	Encargo social	$ 1,00
Estoque	$ 1,00	Financiamento	$ 1,00
Imobilizado	$ 1,00		
HAVERES	**$ 1,00**	**CRÉDITO PRÓPRIO**	**(+) $ 1,00**
Haver	$ 1,00	Capital social (dos sócios)	(+) $ 1,00
		Lucro	(+) $ 1,00
		Prejuízo	(-) $ 1,00
TOTAL DO ATIVO	**$ 4,00**	**TOTAL DO PASSIVO**	**$ 4,00**

Constam lucro e prejuízo no passivo. É método falho.

Polui. Confunde.

Ainda, quando o prejuízo for maior que o lucro, reduz-se o total do crédito próprio. Indevidamente. No caso de existir capital ou fundo social.

PARTE NOVE

PATRIMÔNIO TOTAL

15

PATRIMÔNIO TOTAL - CONTAR/MOSTRAR

Patrimônio total é a soma dos totais do ativo e do passivo.

Assim:

PATRIMÔNIO TOTAL = TOTAL DO ATIVO (+) TOTAL DO PASSIVO.

Esse é um **crivo**. Contábil.

Obriga a usar método assertivo. De balanço.

Serve para garantir que todo o patrimônio está mostrado. No balanço. E somente isso.

É relevante.

15.1 Ativo e passivo - Para que servem

Ativo e passivo servem para mostrar o patrimônio. Descrito por tipo. Ou classe. E valor.

É o espelho do patrimônio. Formal.

Está para **contar**. O patrimônio.

Integral. Total.

Necessariamente.

Para isso, os **métodos** devem ser assertivos.

Em especial, de balanço.

15.2 Patrimônio ativo

Patrimônio ativo é onde está o tesouro. Também a **falta** (prejuízo/déficit). Quando incidir.

ATIVO TOTAL = TESOURO (+) PREJUÍZO/DÉFICIT (quando existe).

Assim, formando o ativo. Total. Real.

15.3 Patrimônio passivo

Patrimônio passivo é de onde veio o tesouro. A fonte. Origem. Do patrimônio ativo.

É o crédito. A ser pago. Inclusive lucros.

É formado por:

a. crédito de terceiros; e

b. crédito próprio.

Se tiver lucro/superávit, é somado. No crédito próprio.

Assim:

Patrimônio passivo = crédito de terceiros (+) crédito próprio.

É o crédito. Que formou o ativo.

Somente isso.

15.4 Ativo e passivo – Iguais

Ativo e passivo são iguais nos totais.

Nota-se que falamos em patrimônio ativo. E patrimônio passivo.

São distintos.

Assim devem ser tratados. Como próprios. Formando um todo. O **patrimônio total**.

O ativo mostra o patrimônio de natureza **devedora**. O passivo, **credora**.

A constar no balanço.

E somente isso. Ativo. E passivo.

Garantidos os totais. Reais. De cada um.

15.5 Patrimônio líquido – Demonstração

Patrimônio líquido destoa de ativo e de passivo. Difere.

É **saldo**. De patrimônio.

Demonstração.

Portanto, objeto anexo de balanço.

Quando não há prejuízo/déficit, o saldo de crédito próprio é igual ao do patrimônio líquido.

Porém, o que se deve **mostrar** no balanço é o **crédito próprio**. De forma expressa. Clara. Direta. Quando existir.

Só o patrimônio. Como **elemento**. E valor.

15.6 Patrimônio total – Vantagens

São diversas as vantagens geradas. Constando o patrimônio total. Em balanço.

Seguem algumas. Sem aqui esgotar.

1. Mostra o patrimônio. Formal. Real.
2. Mostra o total do ativo. E do passivo. Reais.
3. Mostra só tipo/classe. E valor. De patrimônio.
4. Mostra se tem prejuízo/déficit. Ou lucro/sobra/superávit. Saldo.

Continua:

1. Fácil de entender o balanço.
2. Motiva a ler o balanço.
3. Provoca a análise de balanço.
4. É mais fácil tomar decisões. De gestão.

Ainda:

1. Faz demonstrar o patrimônio líquido em anexo de balanço.

PARTE DEZ

PATRIMÔNIO TOTAL – CONVERGÊNCIA

16

CONVERGÊNCIA - TOTAL

Todos os fatores aqui tratados coadunam com este método. De mostrar o patrimônio líquido em **anexo** de balanço.

Também serve para mostrar saldo de prejuízo/déficit no ativo. Quando existe.

16.1 Peças contábeis - Fins

Cada uma das peças contábeis deve atender aos seus fins.

Assim, vai ao encontro do objetivo da ciência contábil. Social.

O fim do balanço patrimonial é mostrar o patrimônio. Formal. Total.

CONCLUSÃO

Demonstrar o patrimônio líquido em **anexo** de balanço.

Também mostrar saldo de **prejuízo/déficit** no ativo. Débito. Quando incidir.

Em classe própria: **prejuízo/déficit**. Portanto, separado do **tesouro**.

Assim, **sempre** será mostrado o patrimônio **total**. Integral. No balanço.

Confirma acerto.

Ainda, o uso da classe patrimonial **tesouro**, no ativo, torna fácil **entender** o patrimônio. Em balanço.

Este **método** de balanço é benéfico. Nos seus mais diversos reflexos.

Também na clareza. Ao entender popular.

EPÍLOGO

Princípios contábeis não têm escolha. Todos a serem cumpridos.

Um deles é o da **integridade**.

Método pode incidir em falhas. Também normas. Mesmo visando a evoluir.

O patrimônio deve ser mostrado no seu total. Em balanço. Sempre.

Para isso, precisa mostrar o ativo, no total. Também o passivo.

No contexto, indica o patrimônio. Total.

Patrimônio líquido é objeto **anexo** de balanço. **Resulta** deste. E assim deve ser mostrado. Como demonstração.

Correção de método exige um esforço inicial. Toda ciência está sujeita a isso.

Sempre que um método apresenta uma chance de erro, corrigir.

Primar pela lisura. Técnica.

O método aqui firmado garante acerto. Ele se sustenta.

REFERÊNCIAS - DIRETAS

BURKE, Edmund. **Uma Defesa da Sociedade Natural**. Tradução de Roberta Sartori. São Paulo: LVM, 2022.

CARDOSO, Antônio Carlos de Souza; ROCHA, Luiz Fernando Coelho da. **Lopes de Sá:** Excelso Cientista da Contabilidade, Contribuição à História da Contabilidade no Brasil. Curitiba: Juruá, 2006.

CONSELHO FEDERAL DE CONTABILIDADE. **Princípios Fundamentais e Normas Brasileiras de Contabilidade.** 3. ed. Brasília: CFC, 2008.

DUGUIT, Léon. **Fundamentos do Direito**. Tradução de Márcio Pugliesi. 3. ed. São Paulo: Martin Claret, 2009.

GUILHERME, Luiz Fernando do Vale de Almeida. **Função Social do Contrato e Contrato Social***:* análise da crise econômica. 2. ed. São Paulo: Saraiva, 2015.

KANT, Immanuel. **Fundamentação da Metafísica dos Costumes**. São Paulo: Martin Claret, 2019.

LEDUR, Paulo Flávio. **Escreva Direito**. Porto Alegre: AGE, 2022.

LEDUR, Paulo Flávio. **Manual de Redação Oficial**. Porto Alegre. AGE, 2015.

MARX**,** Karl. **O Capital:** Crítica da Economia Política. Tradução de Reginaldo Sant'Anna. 37. ed. Rio de Janeiro: Civilização Brasileira, 2020. v. 1.

REALE, Miguel. **Lições Preliminares de Direito**. 27. ed. 22. tir. São Paulo: Saraiva, 2002.

RODRIGUES JÚNIOR, Álvaro. **Liberdade de Expressão e Liberdade de Informação**: Limites e Formas de Controle. Curitiba: Juruá, 2009.

SÁ, Antônio Lopes de. **Luca Pacioli:** um Mestre do Renascimento. Brasília: Fundação Brasileira de Contabilidade, 2004.

SÁ, Antônio Lopes de. **Contabilidade & Novo Código Civil**. Curitiba: Juruá, 2008a.

SÁ, Antônio Lopes de. **Teoria da Contabilidade**. 4. ed. São Paulo: Atlas, 2008b.

SIMÕES, Mauro Cardoso. **John Stuart Mill & a Liberdade**. Rio de Janeiro: Zahar, 2008.

SMITH, Adam. **A Riqueza das Nações**. Tradução e seleção de Norberto de Paula Lima. 3. ed. Rio de Janeiro: Nova Fronteira, 2017.

SOMARIVA, Adir João. **Propósito da Missão:** os Fundamentos na Organização das Entidades sob uma Visão Contábil. 3. ed. Porto Alegre: AGE, 2019.

SOMARIVA, Adir João. **Poema Rima Canção**. Florianópolis: Santa Editora, 2020.

SOMARIVA, Adir João. **HAVERES Conta Direito**. Porto Alegre: AGE, 2023.

SQUARISI, Dad; SALVADOR, Arlete. **A Arte de Escrever Bem**. 7. ed. 2. reimp. São Paulo: Contexto, 2012.

TALEB, Nassim Nicholas. **Antifrágil**. Tradução de Eduardo Rieche. 7. ed. Rio de Janeiro: Best Business, 2017.

VERTES, Alexandre. **Iniciação à Dupla Contabilidade Geral**. Novo Hamburgo: Otomit, 1987.

Outras:

JOÃO PAULO II. **Carta Encíclica Evangelium Vitae**. Roma, 25 mar. 1995.

CONVENÇÃO DOS CONTABILISTAS DO ESTADO DE SANTA CATARINA, 27. **Boletim CRC-SC**. Florianópolis, 1995.

REFERÊNCIAS - GERAIS

A BÍBLIA Sagrada: Antigo e Novo Testamento. Tradução de João Ferreira de Almeida. 2. ed. rev. e atual. São Paulo: SBB, 1993.

ARISTÓTELES. **Política**. Tradução de Pedro Constantin Tolens. 6. ed. 14. reimpr. São Paulo: Martin Claret, 2015.

ARISTÓTELES. **Órganon**. Tradução, textos adicionais e notas de Edson Tombini. 3. ed. Bauru: Edipro, 2016.

BHAGAVADGITÃ. Tradução de Carlos Alberto Fonseca. São Paulo: Globo, 2009.

BROWN, Dan. **Origem**. Tradução de Alves Calado. São Paulo: Arqueiro, 2017.

COMTE, Augusto. **Discurso Preliminar sobre o Espírito Positivo**. São Paulo: Almedina Brasil, 2023.

HARARI, Yuval Noah. **Sapiens:** uma breve história da humanidade. Tradução de Janaína Marcoantonio. 24. ed. Porto Alegre: L&PM, 2017.

HOBBES, Thomas. **Leviatã**. Tradução de João Paulo Monteiro e Maria Beatriz Nizza da Silva. 4. ed. São Paulo: Martins Fontes, 2019.

NOVO Testamento: Salmos – Provérbios. Tradução de João Ferreira de Almeida. ed. rev. e corr. [Campinas]: Os Gideões Internacionais no Brasil, 1994-1995.

PLATÃO. **Fédon**: Diálogo sobre a Alma e a Morte de Sócrates. Tradução de Miguel Ruas. 3. reimpr. São Paulo: Martin Claret, 2002.

PLATÃO. **Apologia de Sócrates Críton**. Tradução, introdução e notas de Manuel de Oliveira Pulquério. Lisboa: Edições 70, 2018.

SOMARIVA, Adir João. **Poema Rima Canção II**. Florianópolis: Santa Editora, 2021.

TZU, Sun. **A Arte da Guerra**. Versão trilíngue: Português, Inglês, Espanhol. São Paulo: Pé da Letra, 2016.

VICENTE, Gil. **Auto da Barca do Inferno**. São Paulo: FTD, 1977.

Outras:

BRASIL. Lei nº 10.406, de 10 de janeiro de 2002. Institui o Código Civil. **Diário Oficial da União**: seção 1, Brasília, DF, ano 139, n. 8, p. 1-74, 11 jan. 2002.

BRASIL. Decreto-Lei nº 2.848, de 7 de dezembro de 1940. Código Penal. **Diário Oficial da União**: seção 1, Brasília, DF, p. 23911, 31 dez. 1940. Disponível em: https://www.planalto.gov.br/ccivil_03/decreto-lei/del2848.htm. Acesso em: 4 set. 2024.

Código Penal Brasileiro de 1940.

BRASIL. [Constituição (1988)]. **Constituição da República Federativa do Brasil de 1988**. Brasília, DF: Presidente da República, [2016]. Disponível em: http://www.planalto.gov.br/ccivil_03/constituicao/constituicao.htm. Acesso em: 4 set. 2024.